AF563092

HOMMAGE

A LA MÉMOIRE

DE M.me LA BARONNE DE STAËL,

EN FORME DE RÉFLEXIONS GÉNÉRALES SUR SES ÉCRITS,

PAR J. B. FORSSE, ÉTUDIANT EN DROIT.

« Le bien qu'il avait fait lui survécut, c'est
» pour cela que les hommes de génie passent
» sur la terre ». M.me de STAEL, *Consid. sur
la Rév. Fr., tom. 3. p. 252, à la note.*

PARIS,

CHEZ DELAUNAY, LIBRAIRE AU PALAIS-ROYAL.

1818.

ÉPITRE DEDICATOIRE

AUX FEMMES.

Femmes, que Dieu créa pour embellir le monde,
Vous, surtout, dont *Corinne* a fait battre le cœur,
De grâce, animez-moi d'un souffle inspirateur;
Qu'en vers dignes de vous, ma Muse soit féconde;
De votre esprit ingénieux,
Un instant, prêtez-moi les charmes,
Ou plutôt laissez, de vos yeux,
Sur la tombe de Stael, s'échapper quelques larmes.
De *Staël*! comme ce nom nous attache, nous plaît!
Il rappelle qu'un sexe à qui l'on n'accordait
Des tendres sentimens que la douce puissance,
De la raison aussi peut tenir la balance.
De Staël eut les honneurs, la gloire pour berceau;
Et lorsqu'avant le tems, elle nous est ravie,
L'immortalité du génie
Entr'ouvre tout-à-coup son éloquent tombeau.

Je jette seulement quelques fleurs sur la cendre
D'une femme qui fut un prodige moral,
Et consacra son culte à l'amour filial.

Hélas! je ne fais que lui rendre
Les pleurs que j'ai souvent puisés dans ses écrits,
Dont, peut-être, on n'a pas reconnu tout le prix;
J'ose leur consacrer une modeste page
Que j'ai su beaucoup moins écrire que sentir;
Mais elle a le titre d'*Hommage*;
C'est vous, Sexe charmant, à qui je dois l'offrir.

HOMMAGE

A LA MÉMOIRE

DE M.me LA BARONNE DE STAËL.

Les Journaux ont publié des analyses de l'ouvrage posthume de madame de Staël. Ces analyses ne sont, pour la plupart, à quelques insinuations près, que des citations de l'ouvrage même. C'est une preuve évidente de son mérite.

Qui tenterait, en effet, de mieux exprimer sa pensée, que madame de Staël? Cette pensée est le fruit de ses profondes observations; tous les objets qu'elle a considérés s'y reproduisent avec toutes leurs nuances : pour l'analyser, sans en altérer le sens, il faudrait dévoiler sa création, prendre l'esprit sur le fait : sans cette précaution indispensable, lorsqu'on rend compte des opinions d'un écrivain supérieur, on leur fait courir la chance de présenter un sens contraire à celui qui doit en découler. La méthode judaïque, si pratiquée par les journalistes et les commentateurs, parce que c'est l'arme dont ils peuvent espérer le plus de succès, doit surtout être écartée lorsqu'il s'agit des ouvrages sortis de la plume féconde et brillante de madame de Staël : la dernière pensée n'y est que la conséquence de la première ; si quelques accessoires y semblent en contradiction au premier coup d'œil avec le principal, cette contradiction apparente a pour cause la multiplicité des détails que l'auteur embrasse et décrit avec abandon.

Aussi, voit-on souvent madame de Staël, après avoir posé les principes généraux qui sont comme les jalons de sa route, faire des sorties dans le domaine de l'exception, et revenir par une transition heureuse, car elle l'a rendue nécessaire, à ces mêmes propositions, bâses de son système.

Madame de Staël, pour son compte, eut plus d'une fois à se plaindre de ces interprétations isolées, dont les conséquences ne sont rien moins que justes. On pardonne aux esprits médiocres de n'être pas scrupuleux dans le choix des moyens propres à communiquer aux autres leur dédain pour les œuvres du génie, uniquement fondé sur leur ignorance. Il semble même que leurs attaques attestent la supériorité de l'écrit qui en est l'objet. Mais, je l'avouerai, ce n'est pas sans étonnement et sans peine que j'ai entendu un professeur dont le goût est aussi pur que l'instruction est variée, dont l'esprit est aussi ingénieux que le cœur est fécond en nobles inspirations, M. Andrieux, après avoir parlé avec admiration des talens et de l'amabilité de madame de Staël, critiquer amèrement, contre son ordinaire, certaines phrases isolément extraites de son livre profond sur l'Allemagne.

M. Andrieux, entre plusieurs passages, en cita un où il est dit : « La clarté passe, en France, pour » l'un des premiers mérites d'un écrivain (1) », et s'étendit là-dessus de manière à prouver que madame de Staël n'aimait pas la clarté, qu'elle avait tort de blâmer les Français de vouloir comprendre ce qu'ils lisent. De telles conséquences donneraient lieu sans doute à bien des réponses ; leur vice radical ne peut échapper à M. Andrieux, si sage dans ses jugemens, si habile à envisager un sujet sur toutes ses faces. Madame de Staël a dit : « à une certaine hauteur, il est rare qu'on ne s'entende pas ».

Dans l'ouvrage cité, par exemple, il est évident que madame de Staël voulait seulement faire remarquer que l'esprit littéraire, chez nous, est circonscrit dans une sphère bornée et monotone ; qu'elle voulait ouvrir une route nouvelle dans un domaine fécond et neuf. Certainement, elle était loin de proscrire notre genre classique, mais elle avait raison de nous offrir d'autres mines à exploiter, d'autres jouissances à goûter. C'est une suite de son système sur la *perfectibité de l'espèce humaine* qui, pour

(1) De l'Allemagne, tom. 1.er, 2me partie, chap 1.er

avoir été examiné, critiqué, quant au fond, tandis qu'il ne devait l'être qu'à cause de l'abus de son extension, n'en est pas moins dans l'ordre de la nature. Les ouvrages de madame de Staël ne peuvent paraître obscurs qu'aux esprits dont l'horizon ne s'étend pas au-delà d'eux-mêmes. Cette prétendue obscurité dérive de l'importance des sujets qu'elle traite, de leur nouveauté et de la haute position où elle se place. Elle n'écrivait point pour le vulgaire; elle a toujours développé des idées vierges encore; elle a toujours ajouté quelques anneaux à la chaîne des vérités morales; elle a toujours fait briller quelques étincelles de plus au foyer des sentimens tendres et généreux; les penseurs et les âmes sensibles, voilà ceux en qui elle voulait surtout opérer la métempsycose de ses riches et ingénieuses découvertes.

Lorsque Newton (dont le génie est dit Voltaire, au-dessus de tous les génies de la terre) comme Promethée, arrêta la course du soleil pour en soumettre les rayons à son analyse; lorsqu'il fit part à l'univers de ses recherches imparfaites par elles-mêmes, et sans doute imparfaitement exposées, devait-on lui dire: «Téméraire, vous voulez nous faire connaître la » lumière, et vous êtes obscur! Ce n'est pas une » conquête que votre génie a faite, c'est un rêve » de votre imagination, dont il est inutile de nous » bercer! »

Un littérateur philosophe qui se repaît des riantes

et douces chimères d'une vie contemplative, doit-il mépriser et traiter d'absurdes les combinaisons astronomiques, ou toute autre branche des mathématiques transcendantes? Frapper d'anathème une chose, par cela seul qu'elle est nouvelle, et qu'elle est au-dessus de la pénétration ordinaire, n'est-ce pas imiter ces *sans-culottes* parisiens qui, fesant une visite domiciliaire chez un savant, moissonné par la révolution, dressèrent un procès-verbal, constatant la découverte de certaines figures qui, d'après eux, ne pouvaient qu'être *aristocratiques?* Ces gens-là ne se doutaient pas qu'ils accusaient d'obscurcir le *siècle des lumières* des cartes d'*astronomie*.

Je me hâte de faire une déclaration bien superflue, et pour ceux qui connaissent M. Andrieux, et pour ceux qui peuvent savoir combien je trouve de charmes à ses leçons suivies avec tant d'agrément et d'utilité par un nombreux concours d'auditeurs, dont il est autant aimé qu'applaudi : en exprimant mon admiration pour les écrits de madame de Staël, je suis infiniment éloigné d'appliquer à cet académicien, à ce professeur distingué, ce que je viens de dire sur les esprits médiocres, dont les jugemens doivent être suspects. Il serait à désirer que tous les écrivains eussent autant de bonne foi, de délicatesse, de goût, de jugement et d'esprit. Je suis persuadé que personne ne serait plus capable que lui de mettre à la portée de tous, les observations fixes et profondes de madame de Staël, et de retracer heureusement les inspirations de son âme ardente. Ce qu'elle disait de M. Necker, son père, en politique, peut être dit de M. Andrieux, en littérature : il en est bien le *Fénélon*.

Je voudrais pouvoir exprimer toute ma pensée, rendre toutes mes craintes sur les interprétations isolées. Je ne saurais trop répéter que les ouvrages de madame de Staël, en particulier, cette noble partie des archives de l'esprit et du cœur humain, doivent être jugés sans les préventions ordinaires qui, jusques ici, n'en ont que trop paralysé l'effet. Les personnes accoutumées à réfléchir, à se rendre compte de leurs impressions, doivent nécessairement mieux entendre madame de Staël, et la lire avec plus de fruit. Ses réflexions sont profondes, et cependant on est frappé de leur évidence, parce qu'elle n'omet aucun détail de ce que son esprit a observé, aucune nuance des sensations qu'elle a analysées, en interrogeant son cœur dont elle a reçu une réponse inspiratrice. Si l'on détourne la tête, au théâtre, pour ne pas rire de ses propres ridicules, c'est qu'ils sont présentés sans ménagement, qu'ils offensent l'amour propre, qu'ils découvrent sèchement le mal, sans indiquer la meilleure recette pour le guérir ; au contraire, on cherche avec avidité, avec l'instinct de la conscience, à se faire application des observations générales de madame de Staël, à se reconnaître dans le miroir consolant que nous présente sa morale philosophique ; après avoir, pour ainsi dire, d'une main tâté le pouls à notre moral, elle nous offre, de l'autre, le remède qui doit lui rendre son énergie.

C'est ainsi qu'après avoir recherché les causes déplorables du désespoir, dans ses considérations sur le *suicide*, elle les réduit à leur juste valeur; condamne à vivre l'être qui voulait se donner la mort, par le fait même de la réflexion.

« Devant ce vaste abîme il se jette en arrière,
« Ressaisit l'existence et s'attache à la terre »
(DUCIS, *Hamlet.*)

C'est ainsi, qu'après avoir déroulé le tableau des systèmes et des controverses littéraires, inséparables en quelque sorte d'un sujet inépuisable en théorie, parce qu'il est si fécond en jouissances, tableau qui d'abord semblerait éteindre l'émulation et flétrir les lauriers du temple des Muses, elle fait naître le bien du mal lui-même, en flattant l'amour-propre de ceux qui peuvent espérer d'atteindre à une hauteur d'idées, à une sublimité de philosophie au-dessus des traits de l'envie et des attaques de la médiocrité.

En effet, les jouissances littéraires sont aussi grandes que l'empire de la pensée, aussi constantes que les objets susceptibles d'être observés, que les sentimens dont Dieu plaça la source au fond des cœurs; c'est le port où se réfugie la grandeur fatiguée ou abattue : on voit peu de personnes au faîte de la puissance goûter les douceurs de la littérature, et cela seul garantit leur efficacité dans le malheur ; elles sont peut-être ce qui a répandu le plus de charme sur la vie brillante, il est vrai, mais si agitée de madame de Staël. Elle ne perd pas une occasion d'en relever le mérite et le prix, que rien aussi ne fait mieux apprécier que ses ouvrages. En parlant de celui qu'elle a consacré à la *littérature considérée dans ses rapports avec l'ordre social et le bonheur individuel,* ce serait peut-être le cas de réfuter certains préjugés qui relèguent avec une sotte et cruelle indifférence à cette classe d'hommes faussement réputés incapables de se livrer aux occupations sérieuses, la fleur des sciences, la raison embellie, l'agrément appliqué à l'étude, la persuasion rendue facile au raisonnement, cette gaze littéraire, en un mot, qui convient à tout, et le plus souvent indispensable. Ce serait peut-être le cas de prouver qu'un littérateur n'est pas un enfant prodigue de la société, et qu'on peut autant être bon citoyen, bon fonctionnaire et littérateur, que, selon madame de Staël, on peut être royaliste, religieux, et partisan de la liberté. Mais cette digression, qui aurait son but utile, en ce qu'elle tendrait à détruire l'erreur de quelques personnes auxquelles j'ai plus d'une fois entendu établir une prétendue opposition entre le barreau, par exemple, et le goût de la littérature, m'entraînerait trop loin de madame de Staël. Son nom est une égide tutélaire dont je ne dois pas séparer ma faiblesse.

Madame de Staël, dont je ne puis et ne dois juger, d'ailleurs, les théories partielles, a fait de la littérature le plus noble, le plus raisonnable, le plus aimable usage, en l'employant à faire connaître à l'homme ses faiblesses et ses ressources morales. Il n'est pas permis à tout le monde; il est dans la destinée de bien peu de personnes de planer aussi haut que madame de Staël, dans la littérature. Sans doute qu'il faut bien se garder de s'élancer témérairement sur une mer dont on ignore les écueils, et qu'on n'est pas fait pour parcourir. Il est même trop vrai que les exemples multipliés de l'histoire littéraire, prouvent que le bonheur fut rarement le partage de ses illustres héros; ce que madame de Staël, dans son ouvrage sur l'Allemagne, dit des femmes : « que la » gloire ne saurait être pour elles qu'un deuil écla» tant du bonheur » (maxime qu'on peut, à quelques égards, appliquer à elle-même) n'est que trop susceptible d'être généralisé. Mais il est un genre de littérature qui n'en est que le goût, le facile et nécessaire exercice, qu'un plaisir fondé sur la raison, et la plus douce consolation des infortunes de la vie; c'est là plus utile ressource contre l'imagination, protée indéfinissable, qui tantôt, avec la baguette d'Armide, nous ouvre des empires de félicité, bientôt évanouis devant la triste et envieuse réalité, et tantôt, comme Ismen, nous poursuit de ses fantômes, accole pour ainsi dire la mort à la vie, et nous ouvre des abîmes de malheur. Madame de Staël qui, moralement, n'était ordinaire en rien, possédait encore cette littérature pratique au plus haut degré, sa conversation, étincelante d'esprit, mettait ceux qui avaient le bonheur d'en jouir dans la plus aimable confidence de ses pensées, de ses sentimens; aussi la renommée, qui s'est emparé de ce mérite charmant, a-t-elle ajouté cette fleur à sa couronne immortelle. Si elle ne s'est pas bornée à cette sorte de triomphe et de jouissance, c'est que son existence était entourée des plus grandes circonstances, et que tout a dû lui inspirer les plus hautes conceptions.

Si j'obéissais au besoin de mon cœur, au cri de mon admiration, j'essaierais de faire ressortir, des sublimes romans de madame de Staël, tout l'éclat, toute la profondeur de ses pensées, toute la magie de son style, toute la pureté de sa morale; je tenterais de reproduire les impressions ineffaçables que les ouvrages touchans de cette femme célèbre produisirent en moi, lorsque, pour la première fois, j'en savourai le charme; peut-être que le climat inspirateur de la poétique Italie suppléerait par un instant d'illusion à la pauvreté de mes moyens; peut-être que je ne serais pas réduit à sentir, à pleurer avec *Corinne*, et à me taire; mais je me garderai bien d'une témérité semblable: ma plume

« Touchant à ces *beautés* craindrait de les flétrir. »

(Boileau, *Ép. au Roi.*)

Je ne chercherai pas à faire ressortir des autres productions de madame de Staël, l'harmonie de ses idées, et l'utilité de leur objet. Je rappellerai seulement que c'est pour détruire l'ouvrage de la méthode, qui consiste à juger un esprit supérieur d'après des pensées, des faits ou des phrases isolément considérés, qu'à peine à cet âge heureux de plaisir et d'espérance, où les ombres de l'enfance interceptent encore les lumières de la raison, à cet âge où la pensée bégaie encore, où l'esprit n'ose voler de ses propres ailes, à dix-huit ans, madame de Staël, alors mademoiselle Necker, écrivit sur J.-J. Rousseau, des *lettres* qui portent l'empreinte d'une imagination ardente et d'une raison prématurée : destinées à honorer le tombeau d'un génie qui nous a transmis des monumens impérissables, elles attestent autant la bonté de son cœur, la pureté de ses principes, que l'étendue de ses connaissances et la facilité de son talent. C'est par cet ouvrage que madame de Staël préludait à ceux dont elle a depuis enrichi notre littérature, honoré son sexe et la France ; elle vengea les mânes du citoyen de Genève, avec la plus grande impartialité ; elle fit remarquer, tout en relevant respectueusement des erreurs funestes au repos de sa vie, que ni son caractère, ni ses écrits ne devaient être jugés sur des faits plus ou moins incertains, des phrases hasardées, plus ou moins susceptibles d'interprétation. Personne, plus que madame de Staël, ne pouvait apprécier et défendre Rousseau, dont elle a pourtant quelquefois et avec raison combattu les paradoxes sans les imputer à son cœur généreux, brisé par la douleur : elle en avait l'éloquence, la dialectique, l'intime persuasion, l'imagination vive et féconde, l'expansible sensibilité. Elle a su faire de ces grandes et précieuses qualités un usage plus raisonnable et plus heureux pour elle, et je dirai même pour nous ; car, il est probable qu'une vie comme celle du solitaire d'*Ermenonville*, nous eût privés de ces considérations si fines, si profondes qu'elle dut à sa haute naissance, au rang qu'elle tenait dans le monde, à ses longs voyages, et à ses rapports avec les plus fameux personnages de l'Europe. Tout contribuait à lui former un esprit éminemment observateur qui, comme le disait avec plus de bonheur que de justesse relative, peut-être, l'auteur de la *Métromanie* se comparant à l'auteur de la *Henriade*, s'exerçait en *marquetterie* et jettait en *bronze*. Hélas ! elle eut à peine le temps de léguer à la postérité le résultat de ses méditations ; la mort, l'impitoyable mort, dont il semble que son aimable génie aurait dû suspendre les coups, ne lui permit pas même de revoir la dernière partie de l'important ouvrage que sa famille vient de publier, pour exécuter ses dernières volontés : on dirait que sa nature morale épuisa les forces de sa nature physique, et que, par degrés, cette âme extraordinaire s'élançant dans une sphère qui n'avait rien de terrestre, sans efforts, sans y songer, se dégagea de l'enveloppe mortelle qui la retenait captive.

Les considérations sur la *révolution française*,

précédées de la réputation de leur auteur, des regrets que sa perte a inspirés à tous les amis des lettres et de l'humanité, traitant un sujet si près de nous que nous y touchons encore, traçant l'époque la plus remarquable de notre histoire, appréciant des faits extraordinaires, dont chacun de nous, comme madame de Staël, fut victime ou témoin, peignant les acteurs célèbres des grandes scènes d'un drame inouï, avec lesquels elle eût plus ou moins de rapports, fouillant dans les laves du volcan révolutionnaire, pour y trouver de grandes vérités et de grandes leçons, comme on fouille dans les ruines d'*Herculanum*, pour y découvrir des squelettes et de belles statues, parlant enfin à tous les intérêts froissés ou satisfaits tour à tour, avec une impartialité qui ne laisse rien à juger à la postérité, à quelques exceptions près, dont la source est sacrée, d'ailleurs faciles à détruire, ou du moins à affaiblir, en un mot, ce testament politique du génie de madame de Staël, était et devait être attendu avec impatience : la presse si active de nos jours, était accusée de lenteur; enfin, cette grande production a paru; en ce moment elle occupe tous les esprits, elle subit l'épreuve qui doit accomplir son utile et glorieuse destinée. Par ce qu'en ont déjà dit les écrivains journalistes d'opinions opposées, on peut juger qu'un examen impartial décidera, qu'en ne flattant aucuns partis, qu'en les combattant tous, elle n'a soutenu que la cause de la raison et de la liberté.

Rendons hommage à ceux d'entre les critiques qui respectent le tombeau de madame de Staël, dont le cœur fut le sanctuaire de toutes les vertus, qui rendent justice aux argumens que sa piété filiale lui a dictés en faveur d'un père illustre, sur lequel l'histoire n'a pas encore prononcé. On peut croire qu'elle ne fera que modifier l'éloge inspiré par le plus pur, le plus vertueux sentiment, guidé par la plus sublime raison, dans les élans de son admirable et touchante énergie.

Pour moi, à qui tout défend de toucher à l'arche sainte des grandes vérités politiques, je laisse à d'autres plus capables et plus en droit de s'imposer une telle responsabilité, le soin de combattre les inductions peu favorables, peut-être à notre amour-propre national, qui fait notre force, ou plutôt aide notre faiblesse diminuée chaque jour, auxquelles pourraient donner lieu certains passages de l'ouvrage de madame de Staël, compensés, il est vrai, par une foule d'autres, mais auxquels s'attache plus facilement l'ombrageuse défiance. La triple raison tirée du mode de composition adopté par madame de Staël, du temps que la mort lui a ravi, et des circonstances critiques où la fin de son livre a été écrite, doit certainement entrer dans la balance, lorsqu'il s'agit de juger ce même livre par rapport à la gloire de son auteur ; mais elle ne doit pas, ce me semble, s'opposer à ce que, restant tel qu'il doit toujours être lu et compris, on fasse subir dès à présent, à ce qui peut s'y rencontrer d'inexact, de hasardé ou de douteux, les modifications généralement reconnues équitables. Cette tâche, je pense, ne sera pas longue, mais elle pourra bien être délicate et difficile ; on sent qu'en pareil cas mettre un parti, un intérêt à la place des opinions et des intérêts de tous, ce serait tromper le public, insulter aux mânes d'une femme qui put avoir des adversaires, mais qui n'a pu laisser d'ennemis, et que ses talens, son génie (malgré les irrégularités qu'une froide analyse peut reconnaître dans ses œuvres), proclament l'héroïne de son sexe.

Ce n'est pas une plume obscure ou inhabile qui peut se charger de compléter, pour ainsi dire, le bien que doit produire l'ouvrage posthume de madame de Staël. Quel que soit l'écrivain qui entrera dans la lice, tenant en main les *Considérations sur la révolution française*, pour les combattre en quelques points, ou pour en fixer invariablement les conséquences, il n'offrira jamais trop de garantie aux amis de la France, de la liberté et des lettres, si intéressés à la gloire de madame de Staël, et à l'influence de ses écrits. Pour juger les aperçus d'une femme douée comme elle du génie de l'observation, il faudrait s'identifier avec ce génie, voir les hommes et les choses d'aussi haut : il est permis de croire que peu de personnes sont capables d'atteindre à ce niveau.

On dit que les Anglais liront l'ouvrage de madame de Staël avec orgueil ; sans doute : mais il ne faut pas en conclure que les Français doivent le lire avec peine ou dépit. Les institutions anglaises que madame de Staël admire profondément, parce qu'elle les avait beaucoup et long-temps étudiées, ainsi que le prouve les résultats qu'elle en démontre, n'y sont louées et analysées que dans le but principal d'en faire connaître l'excellence à tous les esprits français, afin d'établir entr'eux cette harmonie si nécessaire, pour que la France recueille un jour les fruits de l'arbre constitutionnel que Louis XVIII a naguère transplanté de sa main royale et consolatrice sur notre terre glorieuse.

Cette intention résulte évidemment de l'ensemble des écrits de madame de Staël; cependant, on a remarqué avec une juste surprise qu'elle élevait, en passant et froidement, la question de savoir laquelle des deux nations, de la France ou de l'Angleterre, devrait être sacrifiée, en cas d'option, si les intérêts de l'une exigeaient l'anéantissement de l'autre : « Il faudrait, dit-elle, préférer la nation qui a cent ans » de vertu, de prospérité, de liberté, de grandeur » ; en un mot, l'Angleterre qu'elle regarde comme le plus *beau modèle d'ordre social.* Cette phrase qui dit plus, citée isolément, que lue au milieu d'un corps de pensées, peut cependant, il faut en convenir, étonner le lecteur qui connaît les sentimens de madame de Staël pour la France; elle devrait même affliger une âme française, si le même chapitre où se rencontre cette phrase singulière, n'en offrait mille d'un sens opposé. Ainsi, nul doute qu'elle n'ait échappé à l'auteur dans le feu de la composition ; qu'elle n'exprime plus que sa pensée intime. On peut croire, d'après cela, que madame de Staël eût retranché cette question, au moins inutile, si elle avait eu le temps de corriger son manuscrit qu'elle put à peine achever. Elle dit qu'on n'a pas d'exemple qu'un peuple ait fait de vains efforts pour conquérir la liberté. Or, quel peuple voulut plus que nous jouir de ses bienfaits ? Notre désir, à cet égard, ne peut être comparé qu'à notre besoin : donc la France sera indubitablement libre et heureuse. Cette assurance devient positive, lorsqu'on considère les progrès que fait chaque jour chez nous l'esprit national ; la presse se fatigue à en reproduire les oracles, la tribune législative en retentit, ils sont proclamés du haut du trône ; leur triomphe est infaillible.

Madame de Staël dit encore qu'il est absurde d'exiger qu'un peuple ait les vertus qu'il n'acquiert que par la liberté, avant d'en avoir joui. « L'effet, dit-elle, ne saurait exister avant la cause » argument aussi judicieux que profondément senti, et parfaitement applicable à notre situation politique.

A l'époque où madame de Staël écrivait ses *Considérations*, la France entrevoyait à peine l'aurore du bonheur ; l'espoir même en parut altéré pendant quelques mois d'une réaction dont madame de Staël s'indigne, avec modération, mais avec justice, et dont les suites déplorables ont trouvé leur antidote dans la sagesse du Roi, et leur oubli dans sa bonté. Il faut nécessairement y rapporter toute la partie de son livre, où il est question de la seconde restauration. Trois ans se sont presque écoulés depuis, et nous nous étonnons, à bon droit, de la rapidité de notre régénération. Tout nous autorise à espérer qu'elle ne sera pas aussi lente à se terminer que l'a été celle de l'Angleterre. Bientôt la France ne différera de cette nation, en fait de liberté, que par le retard qu'ont éprouvé les causes de la nôtre; retard qui a dû influer absolument sur ses effets salutaires. On peut même assurer qu'à l'époque où notre destinée constitutionnelle sera remplie, le peuple français n'offrira pas à l'Europe civilisée le spectacle d'usages aussi absurdes, que ridicules et immoraux. Les Anglais, qui n'ont pas seulement de la constance pour les bonnes choses, en conserveront le privilége exclusif.

Ce n'est qu'alors qu'on pourra comparer, avec raison, l'Angleterre et la France. Si de cette comparaison, il résulte que la France a obtenu les mêmes résultats que l'Angleterre, au prix de moins d'excès et de crimes, l'avantage devra nécessairement lui rester. L'époque où l'on pourra joindre cette conséquence majeure et inévitable, implicitement tirée par Madame de Staël, à tant de raisons qui militent dès long-tems pour notre cause, contre l'orgueil anglais, doit être désirée de tout bon Français.

Ainsi, recevront leur application les principes politiques de Madame de Staël. Ainsi, son dernier ouvrage acquerra une importance progressive, et prendra sa place auprès des écrits supérieurs qui survivent à tout ce qui est périssable, par le bien qu'ils font, excepté à eux-mêmes.

Je terminerai ce court et faible résumé, dicté par un sentiment d'admiration tout à fait dépouillé de prétentions politiques et même littéraires, par une réflexion dont on ne peut s'empêcher d'être frappé, en parlant de Madame de Staël et de ses productions. La dernière, celle qui lui coûta le plus de soins et qui lui fait le plus d'honneur, ne pourra lui offrir la plus douce des récompenses! L'idée de mort accable le lecteur, flétrit la jouissance qu'il éprouve à suivre Madame de Staël dans les observations qui sont la plus glorieuse preuve qu'elle a vécu. Je ne puis mieux faire ici que de lui appliquer la fin d'un paragraphe de ses *Considérations* sur la mort de *Mirabeau.*

« Tant d'esprit est si rare, il est malheureusement » si probable qu'on ne verra rien de pareil dans le » cours de la vie, qu'on ne peut s'empêcher de soupi- » rer, lorsque la mort ferme ses portes d'airain sur » une *femme* naguère si éloquente, si animée, si » fortement en possession de la vie. »

Madame de Staël* parle ici d'une mort pl accablante pour l'esprit, que déchirante pour l'âm desséchée par l'absence de la vertu. Comment d plorer celle d'une femme étonnante à laquelle rattachent tant de mérites, de souvenirs et regrets, lorsqu'on est obligé d'emprunter et pensée et son style pour saluer sa tombe !

De l'Imprimerie d'ABEL LANOE, rue de la Harpe n.° 78.

www.ingramcontent.com/pod-product-compliance
Lightning Source LLC
LaVergne TN
LVHW010259230826
846091LV00007B/3061

* 9 7 8 2 0 1 3 4 6 4 5 4 3 *